8th Yth
1871

BÉGAIEMENTS
D'AMOUR

OPÉRA COMIQUE EN UN ACTE

PAR

MM. ÉM. DE NAJAC ET CH. DEULIN

MUSIQUE DE

M. ALBERT GRISAR

UN FRANC

PARIS
MICHEL LÉVY FRÈRES, LIBRAIRES ÉDITEURS
RUE VIVIENNE, 2 BIS, ET BOULEVARD DES ITALIENS, 15
A LA LIBRAIRIE NOUVELLE

MDCCCLXV

BÉGAIEMENTS D'AMOUR

OPÉRA COMIQUE EN UN ACTE

PAROLES DE

MM. ÉMILE DE NAJAC et CHARLES DRULIN

MUSIQUE DE

ALBERT GRISAR

Représenté pour la première fois, à Paris, sur le THÉATRE-LYRIQUE
IMPÉRIAL, le 8 décembre 1864.

PARIS
MICHEL LÉVY FRÈRES, LIBRAIRES ÉDITEURS
RUE VIVIENNE, 2 BIS, ET BOULEVARD DES ITALIENS, 15
A LA LIBRAIRIE NOUVELLE
—
1865
Tous droits réservés

Distribution de la pièce

POLYNICE DE TOCANDAL........ M. FROMANT.
CAROLINE DE VILBRAC......... Mme FAURE-LEFEBVRE.
BAPTISTE.................... M. GUYOT.

La scène se passe à Poitiers, chez Caroline, en 1760.

S'adresser, pour la mise en scène, à M. Arsène, régisseur-général au Théâtre-Lyrique Impérial.

BÉGAIEMENTS D'AMOUR

Un petit salon Louis XV. Porte d'entrée au fond ; à droite, porte donnant dans l'appartement de Caroline ; à gauche, une table à ouvrage ; au fond à gauche, une armoire ; entre l'armoire et la porte d'entrée, un petit paravent à trois feuilles, à droite, une toilette ; fauteuils, etc.

SCÈNE PREMIÈRE

CAROLINE, costume élégant de bourgeoise Louis XV. Elle est assise à la table de gauche, un ouvrage à la main.

Que la nature est bizarre ! Il y a toujours quelque chose qui cloche dans ses conceptions. Moi, par exemple, je suis jeune, gentille et veuve, les trois rêves de toutes les femmes ! Eh bien ! avec tout cela, je ne suis pas parfaite ! Je jouis d'une désolante infirmité... Quand je parle à ma psyché, à ma camériste ou à moi-même... ou bien quand je chante, rien de défectueux dans ma prononciation ! Mais si, par malheur, il se présente à moi un homme, un simple homme... petit ou grand, la taille n'y fait rien !... ça n'est plus ça !... Est-ce timidité, est-ce émotion, ou bien est-ce parce que j'habite Poitiers ? Enfin, je me trouble, mon cœur bat, ma tête part ; mes idées se pressent, envahissent toutes à la fois le bout de ma langue, et je bégaie, je bégaie... affreusement !... Quand j'y pense, je ne peux pas m'empêcher de rire... (Elle se lève.) Et cependant, je ne devrais pas en avoir envie, aujourd'hui surtout... Je l'attends !... il va venir, je vais le voir enfin pour la première fois ! l'amour de ma vie, la vie de mon amour !... Polynice de Tocandal, puisqu'il faut l'appeler par son nom !... Poëte charmant de la cour et des ruelles... Je lus de ses œuvres dans l'Almanach des Grâces !... et, vous le dirai-je !! j'en fus tout de suite enthousiasmée !... Je pris la liberté de lui avouer par écrit le plaisir qu'il m'avait causé. Il me répondit en vers que son désir était de me répondre... en prose... Je le lui permis !...

Bref notre amour naquit de notre correspondance !... Le hasard voulut que son père, procureur à Paris, fût autrefois le condisciple de mon oncle, procureur à Poitiers... C'était un trait d'union de plus entre nous... Nous en profitâmes pour parler mariage, et... et voici la lettre que j'ai reçue ce matin... (Elle tire une lettre de sa ceinture.)

AIR.

Lisant.

« A l'heure où Phœbus à la terre
Donne sa plus forte chaleur,
A midi... dirait le vulgaire,
De vous voir j'aurai le bonheur ! »

O Polynice, ô toi que j'aime!
Oui, midi va bientôt sonner,
Je vais te voir, te voir toi-même!
Viens ! je t'attends pour déjeuner ;
Une omelette, un peu de crème,
Une salade et du gigot,
   C'est tout ce qu'il nous faut !
Il va paraître sur mon seuil...
Une larme d'émoi s'échappe de mon œil !
Oui, du bonheur que j'ai rêvé
Le jour enfin est arrivé !
   Bonheur suprême!
   C'est lui que j'aime!
En m'unissant à cet esprit charmant
Je compte avoir moitié de son talent !
   Prose, poésie,
    Dîners,
   Et déjeuners,
   Raison et folie,
    Enfants
   Et romans,
Oui, pour la vie,
Tout nous sera commun,
Le pacte qui nous lie
De nous deux ne fera qu'un.
Oui ! du bonheur que j'ai rêvé!
Le jour enfin est arrivé !...

Ah ! je tremble !... Je me connais !... à sa vue, je ne vais pas manquer de bégayer... Et comment prendra-t-il cet agrément de ma conversation ? Mon premier mari s'en était fort bien accommodé ; il était sourd, il est vrai, et mourut vingt-quatre heures après le mariage, à la suite d'une fluxion de poitrine attrapée au repas de noces !... Mais lui, Polynice de Tocandal !... O amour ! mets-lui un bandeau sur les oreilles !...

BAPTISTE, entrant par le fond.

M. de Tocandal fait demander si madame est visible.

SCÈNE III

CAROLINE, à part.

O ciel! ô mon cœur!... ô mon trouble! ô ma langue!... voilà que ça co... co... commence... Remettons-nous un peu... (Haut.) Ba... ptiste... priez-le d'a... d'a... tendre un instant! (Elle entre à droite.)

BAPTISTE, à la cantonnade, au fond.

Par ici, monsieur... par ici... (A Polynice qui entre.) Madame prie monsieur d'a... d'a... tendre un instant! (Il sort par le fond.)

SCÈNE II

POLYNICE.

Da... da...! Est-ce que ce valet bégaierait? Je ne serais donc pas le seul en ces lieux! Hélas! oui... je suis bègue... devant les femmes seulement.. Jeunes ou vieilles, l'âge n'y fait rien!... J'ai le cœur si sensible, les émotions si vives que ma langue bat la breloque! Je veux dire tant de choses à la fois à ce sexe charmant et enchanteur que je ne peux pas en finir une seule... et je coupe mes mots en quatre... Quelle infirmité! Ça me fait plaisir que son valet barbote autant que moi... ça lui paraîtra moins extraordinaire; et puis, quand elle me verra!... car enfin je suis joli homme, poëte d'un talent... Je suis modeste, je le qualifierai tout simplement... d'étonnant... et... je n'ai jamais cessé d'être garçon! parole d'honneur!... Je dois ça aux caprices de ma langue. Langue perfide!... A Paris, elle m'a fait manquer dix-sept mariages!... Mais à Poitiers, ô ma Caroline, me refuseras-tu à cause de?... Non! je ne puis le croire! Tes lettres m'ont dévoilé en toi un amour ardent, brûlant, incandescent, au-dessus de toutes ces niaiseries. Quand tu sauras que je possède une cascade dans la voix, je ne doute pas que tu te décides à m'accepter avec cet ornement pittoresque!... on vient!... c'est elle!... O ciel!...

SCÈNE III

POLYNICE, CAROLINE, entrant par la droite.

POLYNICE, à part.

Qu'elle est belle!...

CAROLINE, à part.

Qu'il est bien!...

POLYNICE, à part.

Comment lui dire?

CAROLINE, à part.

Comment lui apprendre ? (Musique à l'orchestre. Ils se saluent profondément à plusieurs reprises et restent debout en face l'un de l'autre sans dire mot. Voyant que Polynice se tait, Caroline se décide à lui offrir un siége. Ils font quelques cérémonies pour s'asseoir, et, une fois assis, restent en face l'un de l'autre sans parler... Polynice, pour sortir d'embarras, tire de sa poche une tabatière et prend une prise.)

POLYNICE, à part.

Une idée !... (Il fait des gestes nombreux.)

CAROLINE, à part.

Ah ! mon Dieu ! Est-ce qu'il serait muet ?... Et mon premier mari qui était sourd !... Gesticulons aussi pour le lui demander !... (Elle fait des gestes.)

POLYNICE, à part.

O grand ciel !... serait-elle muette ?... Je ne comprends pas bien ses signaux. (Ils gesticulent tous les deux.)

CAROLINE, à part.

Sa pantomime n'est pas assez claire ! je n'y comprends rien ! (Ils se lèvent.)

POLYNICE, à part.

Ce n'est pas une femme, c'est un rébus en action !

BAPTISTE, apportant une table de deux couverts.

Madame est servie ! (Il sort.)

POLYNICE, à part.

Diable ! il va falloir s'aborder de face !

CAROLINE, à part.

Si je pouvais chanter, il ne s'apercevrait de rien.

POLYNICE, à part.

Ah ! une idée ! Je connais un avocat bègue qui met ses plaidoyers en musique... suivons son système.

RÉCITATIF.

Grâce à mon appétit, madame, je me pique
De faire à ce festin un grandissime honneur!

CAROLINE.

Eh! quoi? monsieur, vous aimez la musique?

POLYNICE.

La musique, madame, est mon plus grand bonheur!

CAROLINE.

C'est comme moi.

POLYNICE.

Touchante sympathie !
En nous donnant l'accord nous passerons la vie!

SCÈNE III

CAROLINE.
Voulez-vous bien près de moi vous asseoir ?

POLYNICE.
Volontiers!

(Ils se mettent à table.)

CAROLINE, assise.
Tendez-moi, monsieur, votre assiette,
Je vais vous servir un peu d'omelette.

POLYNICE.
Eh! mais! Dieu me pardonne! elle est au beurre noir!

CAROLINE.
Quoi! vous ne l'aimez pas?

POLYNICE.
J'en raffole, au contraire.

CAROLINE.
Permettez-moi, monsieur, de remplir votre verre.

POLYNICE, se levant.
Je porte, ô Caroline, un toast à nos amours.

CAROLINE.
Pourquoi donc en chantant? Chanterez-vous toujours?

DUO.

POLYNICE.
Je suis plus tendre quand je chante;
Permettez-moi donc, en chantant,
De vous peindre ma flamme ardente.
Le voulez-vous?

CAROLINE.
Assurément.

POLYNICE.
Quand verrai-je votre notaire?

CAROLINE.
Se presser est-il nécessaire?

POLYNICE.
Je tiens à savoir ce que l'on mettra
Dans le contrat.

CAROLINE, minaudant.
Moi, je n'ai rien!

POLYNICE.
Moi, peu de chose,
Je fais des vers!

CAROLINE.
Moi, de la prose.
Un cœur ardent…

POLYNICE, très-fat.

Un air charmant...

CAROLINE.

Beaucoup d'amour.

POLYNICE, gaîment.

Beaucoup de dettes,
Des loups-cerviers
Pour créanciers

CAROLINE.

En outre, j'ai l'amour des bêtes,
Des perroquets
Et des roquets.
Grâce à ces goûts heureux
Nous nous aimerons bien tous deux.

ENSEMBLE.

A quoi bon chercher la richesse?
Aimons-nous, aimons-nous sans cesse!
La fortune vient en dormant,
Le bonheur ne vient qu'en aimant!

CAROLINE.

S'aimer! mais c'est toute la vie!
Le soleil du cœur, c'est l'amour.

POLYNICE.

S'aimer, divine poésie,
Rayonnant la nuit et le jour!
Bonheur parfait! joie infinie
Qui nous fait entrevoir le ciel!...

CAROLINE.

Aussitôt, en quittant l'autel...

POLYNICE.

Bonheur parfait! joie infinie!

CAROLINE.

Ah! c'est bien fait pour me tenter...
C'est pourquoi j'aime à répéter:

ENSEMBLE.

A quoi bon chercher la richesse?
Aimons-nous, aimons-nous sans cesse!
La fortune vient en dormant,
Le bonheur ne vient qu'en aimant!

POLYNICE, à part.

Ah! je n'y tiens plus!... (Il se jette à genoux... Haut avec passion.) Ado... do...

SCÈNE IV

CAROLINE, très-vite.

Ah! Po... po... (Ils se regardent, tout ahuris, bouche béante... Après un silence, Polynice se lève.)

POLYNICE, à part.

Elle se moque déjà de moi!... Je n'oserai jamais!... Ah!... j'ai mon projet! (Il sort en courant par le fond.)

SCÈNE IV

CAROLINE, seule.

Comment! il s'en va... a do... do... sans m'en dire davantage!... je ne comprends pas... (Elle sonne. Baptiste entre et emporte la table.) On a bien raison de dire que les poëtes sont de drôles de corps... Après ça, je n'en suis pas fâchée, car je commençais déjà à... Mais il va revenir, et alors... oh! quelle idée! Ma tante m'a laissé toute sa garde-robe avant de partir... (Elle va à l'armoire et en tire un costume de vieille.) La voici!... (Tout en s'habillant.) Si je passais pour ma tante... Oui, je ne dois pas hésiter, ça me permettra de bégayer tout à mon aise... et de le préparer peu à peu!...

COUPLETS.

I

On ne dira pas que je suis coquette.
Je vais me vieillir avant qu'il soit temps,
Et changer ici ma fraîche toilette
Pour ces noirs habits et cette douillette,
Qui me donneront au moins soixante ans...
On ne dira pas que je suis coquette.

II

On ne dira pas que je suis coquette;
Pourtant je vais voir l'ami de mon cœur:
C'est pour notre bien qu'ainsi je m'apprête.
Sous ce pince-nez dérobons ma tête;
S'il me reconnaît, je lui ferai peur!
On ne dira pas que je suis coquette.

(Elle finit de s'habiller. Bruit de sonnette au dehors.)

On sonne... lui sans doute.

BAPTISTE, entrant, une lettre à la main.

Une lettre pour mad... (Apercevant Caroline.) Tiens! (Il se met à rire.)

CAROLINE, lui imposant silence.)

Chut! donne!... (Lisant.) « Madame, j'ai l'honneur de vous demander un moment d'entretien!... Je suis l'oncle de

Polynice, le colonel d'Arminière. » (Parlé.) Ah! mon Dieu! Est-ce que Polynice se dédirait? (à Baptiste.) Faites entrer. (Baptiste introduit Polynice déguisé en vieux militaire, grandes moustaches.)

SCÈNE V

CAROLINE, POLYNICE.

POLYNICE, à part.

En passant pour mon oncle je pourrai bégayer sans danger et préparer... (Caroline tousse.) Tiens, une vieille! (Après un moment de silence.)

CAROLINE, se levant.

Ma ni... nièce...

POLYNICE, bondissant.

Hein?

CAROLINE, effrayée.

Quoi!

POLYNICE.

Vous êtes sa tan... ante, et vous bé... bégayez!

CAROLINE, surprise.

Ah! bah!... vous... aussi?

POLYNICE, riant.

Moi z'au... z'aussi. (Se reprenant.) Moi aussi!... bi... bizarre coïncidence!

CAROLINE.

Moi!... c'est un dé... faut de nais... sance.

POLYNICE.

Moi!... c'est à la guerre... un coup... de mous... queton.

CAROLINE, à part.

Nous allons pouvoir nous entendre!

POLYNICE, à part.

Je vais la mettre dans mes intérêts!

CAROLINE.

Je trem .. ble d'ap... d'apprendre... est-ce que Po... Polynice renon... cerait?

POLYNICE.

Non pas!... sabre.... de bois!... Il y a seulement une petite dif... difficulté.

CAROLINE, à part.

Ah! ciel! (Haut.) Croyez bien co... colonel... l'intérêt de ces enfants...

POLYNICE.

Tou... tout comme moi !

CAROLINE, très-aimable.

Vous êtes cha... charmant, mon cher co... colonel (A part.) Je le flatte.

POLYNICE, à part.

Tiens !... si je tentais de lui prouver qu'on peut aimer un bègue. (S'approchant d'elle d'un air vainqueur et voulant lui prendre la taille.) Ah! ah! ah!

CAROLINE, reculant avec effroi.

Co... colonel!...

POLYNICE, même jeu.

Hé! hé! hé!...

CAROLINE.

En... core!

POLYNICE, lui prenant la taille.

Oh! oh! oh!

CAROLINE.

Quelle fo... lie!... à mon âge.

POLYNICE.

Il n'y a pas d'âge pou... pour les braves! ventre de biche!

CAROLINE.

Ce... pendant... colonel!

POLYNICE.

Est-ce que ma pro... nonciation vous cho... o... que?

CAROLINE.

Non... puisque moi-même.

POLYNICE, s'approchant pour l'embrasser.

Alors, vous per... mettez...

CAROLINE, vivement.

Ah ! mais non!

POLYNICE, d'un air fin.

Tiens! vous êtes veuve?

CAROLINE.

A quoi voyez-vous?...

POLYNICE.

Dame!... vous savez ce qu'on ne doit pas per... permettre.

CAROLINE.

Vous avez de l'esprit!

POLYNICE.

Comme un démon!... co... ornes du diable!

CAROLINE.

Co... colonel! vous êtes adorable. (Elle lui tend la main.)

POLYNICE, la baisant.

Ah! madame! vous comprenez donc qu'on peut aimer un mal... malheureux qui bé... bégaie!...

CAROLINE.

Si je le comprends! mais le bé... bégaiement est la plus utile de toutes les ver... vertus...

POLYNICE.

Il empêche de dire une so... sottise, sans qu'on ait besoin de tou... tourner sept fois sa langue.

CAROLINE.

Il cou... coupe court aux bavardages... aux mé... médisances... aux ca... calomnies...

POLYNICE.

Mais il faut bé... bégayer pour vivre heureux!

CAROLINE.

C'est-à-dire que la vie sans bé... bégaiement, n'est pas complète...

POLYNICE.

Bravo! Je me suis permis de faire au régiment un cou... plet... afin de pou... voir bé... gayer même en chantant...

CAROLINE, avec expansion.

Ah! chantez-le-moi, colonel.

COUPLETS.

I

POLYNICE.

Je fus jadis un cha...
Un charmant militaire!
Cherchant un tas de ra...
Raffinements pour plaire.
Je disais : Ma nou... nou...
O ma nouvelle amie!
Je jure de t'ai... t'ai...
T'aimer toute la vie!
Je renonce aux lau... lau...
Aux lauriers de Bellone,
Pour aller a do... do...
Adorer ta personne.
  Tous les bègues,
  Mes collègues,
  Au régiment
  En bégayant,
Mènent le sentiment!

SCÈNE V

CAROLINE.

II

Je possédais un né...
N'époux causant ma peine,
Qui me battait pen... pen...
Pendant tout' la semaine.
S'il n'avait pas d'ar... d'ar...
Gent pour des péronnelles,
Il vendait mes bi... bi...
Mes bijoux, mes dentelles...
Mais mon mari mou... mou...
Mourut d'accès de rage,
Et je dansai quand... quand...
Quand j'en fus au veuvage.
　　Tous les bègues,
　　Mes collègues,
　　Se mariant,
　　En bégayant
Mènent le sentiment.

CAROLINE.

Mais pardon! vous avez parlé d'une petite di... diffi...

POLYNICE.

Culté!... oh! je la crois bien di... di...

CAROLINE.

Minuée?

POLYNICE.

Merci.

CAROLINE.

Co... colonel... je vais vous cher... cher ma ni... nièce.

POLYNICE.

Ah!... elle pourra se van... vanter d'avoir un bon... é... un bon époux.

CAROLINE.

Elle sera tou... toujours sa fi... fi... dèle amie...

POLYNICE.

Bravo!... car un ma... ri est un sot... si... son...

CAROLINE.

Un saucisson?

POLYNICE.

Un sot, si son épouse le trahit!

CAROLINE.

Ah! cha... charmant... Attendez-moi!... je reviens à l'instant! (Elle entre à droite.)

SCÈNE VI

POLYNICE, il ôte son uniforme et sa perruque.

Au diable cette perruque et cet uniforme! Je n'ai plus besoin de passer pour mon oncle!... je puis bégayer pour mon propre compte à visage découvert! Si Caroline y trouve à redire!... sa tante sera là pour me défendre... car la pauvre vieille bégaie encore plus que moi!... Quelle chance!... Là! voilà qui est fait... Maintenant un peu d'ordre dans ma toilette... et tout ira bien...

ROMANCE.

I

(Il se regarde avec complaisance dans la glace de la toilette.)

En ce bas monde être modeste,
Est un sentiment très-banal!
Sans hésiter, moi je l'atteste,
Je ne suis vraiment pas trop mal.
Mon frais visage est vraiment agréable,
Le nez est fin... l'œil est charmant,
De tout point ma taille est irréprochable
Quand je marche en me dandinant!
Bref, je suis beau comme le jour,
Je fais naître aisément l'amour!

II

J'ai mon défaut... oui, c'est ma langue,
Je ne sais vraiment pas pourquoi.
Je m'embrouille dans ma harangue,
Dès qu'une femme est devant moi,
Parler n'est pas en amour nécessaire,
Et je suis si bien sans parler!
Il n'est pour moi qu'un vrai moyen de plaire :
C'est de me laisser contempler.
Car je suis beau comme le jour!
Je fais naître aisément l'amour!

(Apercevant la porte de droite qui s'ouvre.) Ah! mon Dieu! elle est seule, sans sa tante! je suis perdu... Ah! derrière ce paravent!... je lui expliquerai mieux!... (Il s'enroule dans le paravent.)

SCÈNE VII

POLYNICE, CAROLINE.

CAROLINE, entrant avec sa première toilette; à part.

Allons!... de l'aplomb!... Tiens! personne. (Polynice éternue bruyamment.) Dieu vous bénisse! C'est vous, colonel?

SCÈNE VII

POLYNICE, derrière le paravent.

Non, c'est moi, Polynice... mon oncle vient de partir.

CAROLINE, à part.

Quel ennui ?

POLYNICE.

Pour son régiment... ordre du maréchal !... Et madame votre tante ?

CAROLINE.

Elle fait ses confitures !... Mais pourquoi donc vous tenez-vous derrière ce paravent ?

POLYNICE.

Je me recueille ! tous les poëtes se recueillent.

CAROLINE, s'asseyant près de la toilette.

Ce sera-t-il bien long ?

POLYNICE, s'asseyant dans le paravent.

Quelques secondes !... Le colonel m'a dit que votre tante avait une bien jolie prononciation !

CAROLINE.

Elle bégaye seulement !

POLYNICE.

Il ne connait rien de plus charmant !

CAROLINE.

C'est un homme de goût !

POLYNICE.

Un homme de goût et de bégaiement... car mon pauvre oncle jouit du même agrément !

CAROLINE.

En effet ! ma tante me l'a dit !

POLYNICE.

Ah ! j'aurais bien voulu l'entendre, votre tante !

CAROLINE.

Et moi, votre oncle !

POLYNICE.

Je n'aurais pas été étonné...

CAROLINE.

Ni moi choquée !...

POLYNICE.

J'en ai l'habitude !...

CAROLINE.

Tout comme moi...

POLYNICE.

C'est charmant !

CAROLINE, se levant.

Ravissant !

POLYNICE.

Nous sommes nés !...

CAROLINE.

Et mis au monde...

POLYNICE.

Pour entendre bégayer...

CAROLINE.

Ah ! Polynice !

POLYNICE.

Ange !...

CAROLINE.

M'aimez-vous ?...

POLYNICE, s'avançant vers Caroline avec le paravent.

Si je vous aime !... mais c'est de la passion... du délire, de l'extravagance ! (Sortant du paravent.) Je... je...

CAROLINE, à part.

Ah! mon Dieu! c'est lui!... voilà que ça reco... co... ah ! je n'ose pas ! (Elle tourne autour de la toilette. Polynice la poursuit; Caroline finit par s'enrouler dans le paravent.)

POLYNICE, essoufflé, la suivant.

Sac à papier ! quel moulinet ! O ciel !... barricadée !... Caroline !... Caroline !... que faites-vous ?

CAROLINE, derrière le paravent.

Je me recueille !... j'ai besoin aussi de me recueillir !...

POLYNICE.

Vous recueillir !... mais il n'est plus temps! mon cœur bout, mon sang bout, ma tête bout... tout bout... tout bout... Caroline, il faut que je vous voie !... (Il secoue le paravent.)

CAROLINE.

Oh ! mon Dieu !...

POLYNICE, solennellement.

Caroline, au nom du ciel, de l'amour et du printemps, je vous somme de sortir de vos murs... ou je vais les renverser comme Jéricho... à coups de trompette !...

CAROLINE.

Une minute, monsieur, une toute petite minute...

SCÈNE VII

POLYNICE.

Non, tout de suite... Mais comment... ah !... en bélier !...
(Il donne un coup de tête dans le paravent qui se crève.)

CAROLINE, poussant un cri et sortant du paravent.

Ah !...

POLYNICE, pressant le paravent contre son cœur.

Dans mes bras... dans mes bras !

CAROLINE.

Co... comme il m'aime !

POLYNICE, se dégageant du paravent et courant après elle.

Où est-elle ?... ah !...

CAROLINE.

Lai... aissez-moi !

POLYNICE.

Oh ! mon i... mon i... dole !...

CAROLINE.

Vous allez un peu... par... trop... loin...

POLYNICE, voulant l'embrasser.

Je m'a... m'approche... au... au contraire...

CAROLINE.

Monsieur, fi... fi...

POLYNICE, surpris.

Monsieur fi... fi...

CAROLINE.

Finissez !

POLYNICE.

Non !... Je veux vous do... onner un bai... bai...

CAROLINE, choquée.

Un bébé...

POLYNICE.

Un baiser, madame...

CAROLINE.

Monsieur, vous vous mo... moquez de moi !

POLYNICE.

C'est vous !

CAROLINE.

C'est vous !

POLYNICE.

Je suis vraiment... stu... stu...

CAROLINE.

Pide !

POLYNICE.

Péfait, madame...

CAROLINE.

Vous êtes un mau... mauvais plaisant...

POLYNICE.

Vous me tu... tu... tu... urlupinez... mal à propos.

CAROLINE.

Ah ! c'est trop d'a... d'aplomb...

POLYNICE.

C'est d'un tou... tou... d'un... tou... pet !

CAROLINE.

Monsieur ! tou... tou... tout est rom... rom... pu. So... ortez d'ici, je ne veux plus vous... vous voir !

POLYNICE.

Eh bien !... soit... je fi... ile... adieu !... (Fausse sortie.)

CAROLINE, même jeu.

Adieu ! (Ils vont jusqu'au fond, se retournent l'un vers l'autre et redescendent la scène.)

DUO.

ENSEMBLE.

Parlez, parlez, c'est nécessaire !
Parlez, si vous voulez me plaire,
Parlez, ou craignez ma colère.
Je veux vous entendre parler !...
Parlez, je tiens à vous entendre.
Ne dites qu'un mot, un mot tendre,
Mais dites-le moi sans trembler,
Je veux vous entendre parler !

POLYNICE.

Eh bien ! comme mon oncle...

CAROLINE.

Eh bien comme ma tante,
Ma voix est pure quand je chante.

POLYNICE.

C'est tout comme moi ; mais si je parlais,
Je vous dirais :
Po... l'o... lynice vous aime
D'a... d'amour extrême !

CAROLINE.

O bo... bonheur suprême !

SCÈNE VII

POLYNICE.
Quoi, vous bé.. bégayez de même!

ENSEMBLE.

O sort digne d'envie,
Jusqu'au bout de la vie
Nous dirons, l'œur content,
Vive l'bégaîment!

POLYNICE.
Mon défaut étant le vôtre...

CAROLINE.
Nous nerirons plus l'un de l'autre!...

POLYNICE.
Si l'un de nous commence un mot...

CAROLINE.
L'autre aussitôt...
Le finira..

POLYNICE.
C'est bien cela.
Que notre vie, ô mon Dieu! sera gaie!...
Nous bégairons la nuit et le jour!

CAROLINE.
En bégayant, vous me ferez la cour.

POLYNICE.
Un amour qui bégaie
Doit toujours être un jeune amour!...

(A la fin du duo, Polynice embrasse Caroline. Coup de tam-tam, musique à l'orchestre.)

CAROLINE émue.

O miracle!

POLYNICE.

O chose nouvelle!

CAROLINE.

O mystère!

POLYNICE.

O tremblement de terre... (Très-vite.) Je vous parle, et je ne bégaye plus. Caroline, je sens que je vous aime couramment du fond d'un cœur qui pour la première fois s'élance à toute vitesse sur la grande route de l'amour pour vous apporter sans retard l'expression d'un bonheur incandescent et extra... (Il tombe à ses pieds.)

CAROLINE, lui mettant la main sur la bouche.

Taisez-vous! taisez-vous!... laissez-moi m'essayer à mon tour... car je sens que mes paroles prennent leur vol vers vous, comme de jeunes colombes vers le pigeonnier de leur choix et s'abattent...

POLYNICE.

Victoire !... le charme est rompu !... nous ne bégayons plus.

CAROLINE.

Et dire qu'un baiser a suffi...

POLYNICE, à part.

Sac à papier !... si je l'avais su plus tôt !...

COUPLETS AU PUBLIC.

I

Mesdames, cette bluette
Par un bègue un jour fut faite,
Pour vous fournir la recette,
Contre un trop long bégaiement !
 Elle est bonne !
 Je la donne
Pour un applaudissement,
En vous disant : Venez souvent,
Applaudir notre bégaîment !

CAROLINE, au public.

II

Messieurs, voici ma requête :
Je ne serai satisfaite
Qu'après guérison complète !
On le comprend aisément :
 Comme quatre
 Veuillez battre !
Je parlerai couramment...
Si vous venez souvent, souvent
Applaudir notre bégaîment !

FIN.

EN VENTE CHEZ LES MÊMES ÉDITEURS
PIÈCES DE THÉATRE, BELLE ÉDITION, FORMAT GRAND IN-18 ANGLAIS

Marengo, drame militaire en 12 tableaux..	3»
La Mule de Pedro, opéra en 2 actes........	1 »
Jean Torgnole, vaudeville en 1 acte	1 »
Henri le Balafré, comédie en 1 acte.	1 »
La Déesse et le Berger, op.-com. 2 actes...	1 »
Peines d'amour, opéra en 4 actes.........	1 »
Le Père Lefeutre, com.-vaud. en 4 actes...	» 40
Le Bout de l'an de l'Amour, com. 1 acte...	1 »
La Maison sans Enfants, com. 3 actes.....	1 50
L'Otage, drame en 5 act. et 6 tabl.........	1 »
Crockbête et ses Lions, à-propos. 2 actes..	1 »
Bataille d'Amour, op.-com. en 3 actes....	1 »
Diane de Solanges, opéra en 5 actes......	1 »
Un Joli Cocher, com.-vaud. en 1 acte....	1 »
Le Jardinier et son Seigneur, op.-c. 1 acte.	1 »
Les Fiancés de Rosa, op.-com. en 1 acte..	1 »
Le Brésilien, com.-vaud. en 1 acte........	1 »
Folammbô, cocasserie carthagin., 4 actes..	1 »
L'Oiseau fait son nid, com.-vaud. en 1 acte.	1 »
Le Train de minuit, comédie en 2 actes...	1 50
Les Toréadors de Grenade, excentr. en 1 act.	1 »
Les Mystères de l'Hôtel des ventes, comédie-vaudeville en 3 actes...............	1 50
Trop curieux, comédie en 1 acte..........	1 »
Nabel, opéra en 3 actes..................	1 »
C'était Gertrude, comédie en 1 acte......	1 »
Le Démon du Jeu, comédie en 5 actes.....	2 »
La fausse Magie, opéra-comiq., en 2 actes.	1 »
Les Bourguignonnes, op.-com. en 1 acte...	1 »
La Sorcière ou les États de Blois, drame en 5 actes...........................	» 50
Le Secret de Miss Aurore, drame en 5 act.	» 50
Un Mari sur des charbons, coméd.-vaudev. en 1 acte............................	1 »
Les Diables roses, coméd.-vaud. en 3 act.	1 50
La Fille de Dancourt, comédie en 1 acte..	1 »
Un Anglais timide, comédie en 1 acte.....	1 »
Les Pêcheurs de perles, opéra en 3 actes .	1 »
Aladin, ou la Lampe merveilleuse, féerie en 20 tableaux...........................	» 50
Diane au bois, comédie en 2 actes, en vers.	1 50
Le Carnaval de Naples, drame en 5 actes..	» 50
L'Aïeule, drame en 5 actes...............	2 »
Les Voyages de la Vérité, pièce fantastique en 5 actes........................	1 »
Montjoye, comédie en 5 actes	2 »
Les Indifférents, comédie en 4 actes......	2 »
Le Pays latin, dr. en 5 act., mêlé de chant	» 40
Les Troyens, opéra en 5 actes	1 »
Le dernier Quartier, com. en 2 act., en vers.	1 50
Ajax et sa Blanchisseuse, vaud. en 3 actes.	1 »
La Jeunesse des Mousquetaires, drame en 5 actes...............................	2 »
Les Diables Noirs, drame en 4 actes......	2 »
Singuliers effets de la foudre, comédie en 1 acte...............................	1 »
La Maison de Penarvan, comédie en 4 actes.	1
Électre, tragédie en 4 actes..............	1
L'Infortunée Caroline, com.-vaud. en 3 act.	1
Rigoletto, opéra en 4 actes...............	1
Bibi, vaud. en 1 acte.....................	1
Lischen et Fritzchen, saynète en 1 acte.	1
Une Journée à Dresde, comédie en 1 acte.	1
Les Femmes du Sport, pièce en 4 actes ..	1
Le Carnaval des Canotiers, vaud. en 1 act.	1
La Maison du Baigneur, drame en 12 tab.	1
Les Fils de Charles-Quint, dr. en 5 actes.	2
Faustine, drame en 5 actes	2
Le Marquis de Villemer, comédie en 4 act.	2
Le Docteur Magnus, opéra en 1 acte......	1
L'Homme n'est pas parfait, vaud. en 1 acte.	1
Mireille, opéra en 5 actes	1
Lara, opéra-comique en 3 actes...........	1
Le Capitaine Fantôme, drame en 5 actes.	2
Les Fourberies de Nerine, com. en 1 acte.	1
Le Comte de Saulles, drame en 5 actes ..	2
Aux Crochets d'un Gendre, com. en 4 actes.	2
Le Dégel, comédie en 3 actes.............	1
Les Ressources de Quinola, com. en 5 act.	1
La Question d'Amour, comédie en 1 acte..	1
Les Coiffeurs, com.-vaud. en 3 actes.....	1
Sylvie, opéra-comique en 1 acte..	1
En Classe, Mesdemoiselles! folie en 1 acte.	1
Les Oiseaux en cage, comédie en 1 acte.	1
Une Femme qui ne vient pas, scène de la vie de garçon........................	1
La Fille du Maudit, drame en 5 actes.....	»
La Postérité d'un Bourgmestre, f.-v. en 1 a.	1
Les Voleurs d'or, drame en 5 actes	»
Les Marionnettes de l'Amour, c. en 3 actes.	1
Les Pensées d'Héloïse, com.-vaud. en 1 a.	1
Nemea, ou l'Amour vengé, ballet en 2 act.	1
Don Quichotte, comédie en 3 actes........	2
Les Mohicans de Paris, drame en 5 actes..	2
Rocambole, drame en 5 actes.............	»
Les Flibustiers de la Sonore, dr. en 5 act.	1
Le Grand Journal, folie-revue en 4 actes. ..	»
Le Drac, drame fantastique en 3 actes....	1
Roland à Roncevaux, opéra en 4 actes....	1
Sur la Grande Route, proverbe en 1 acte.	1
Les Bons Conseils, comédie en 1 acte....	1
Le Mort Marié, comédie en 1 acte.......	1
Le Marquis Caporal, drame en 5 actes...	2
Les Pommes du Voisin, comédie en 3 act.	2
Un Ménage en Ville, comédie en 3 actes.	2
Les Curieuses, comédie en 1 acte	1
Violetta (la Traviata), opéra en 4 actes..	1
Les Drames du Cabaret, drame en 5 actes	2
Le Petit Journal, folie revue en 4 actes.	» 5
Les Absents, opéra comique en 1 acte...	1
Maître Guérin, comédie en 5 actes......	4
Le Trésor de Pierrot, opér. com. en 2 act.	1

IMPRIMERIE L. TOINON ET C°, A SAINT-GERMAIN.

Contraste insuffisant

NF Z 43-120-14

www.ingramcontent.com/pod-product-compliance
Lightning Source LLC
Chambersburg PA
CBHW060622050426
42451CB00012B/2384